MASTER THE HINDI ALPHABET

A Handwriting Practice Workbook

Train your muscle memory and explode
your Hindi writing skills

by Lang Workbooks

ISBN: 9781797046372

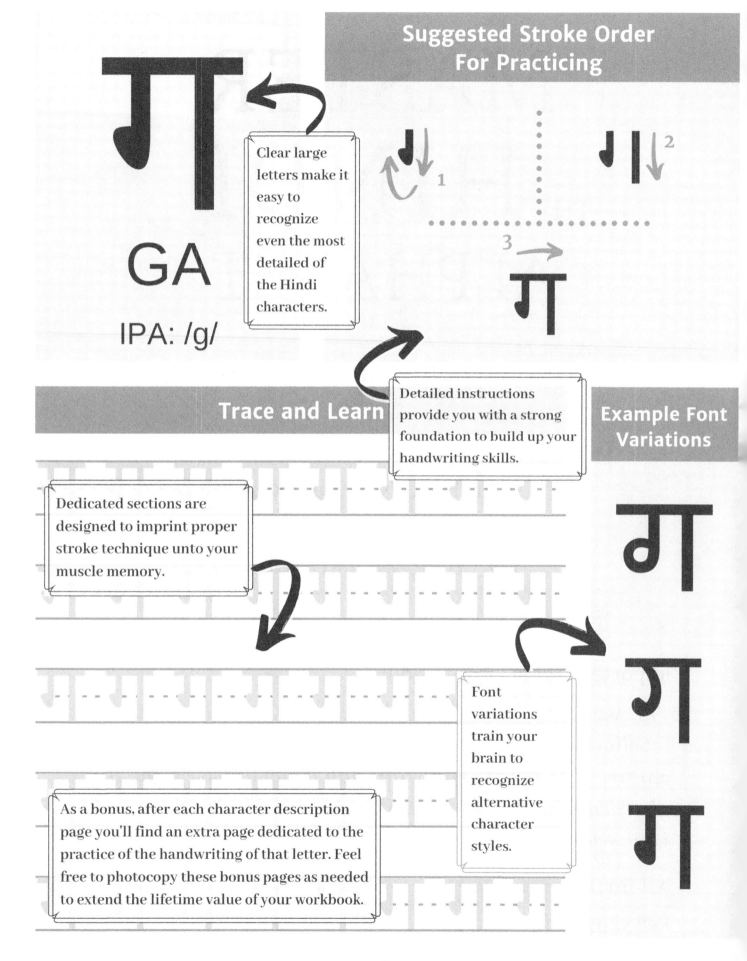

ग

GA

IPA: /g/

Clear large letters make it easy to recognize even the most detailed of the Hindi characters.

Detailed instructions provide you with a strong foundation to build up your handwriting skills.

Trace and Learn

Example Font Variations

Dedicated sections are designed to imprint proper stroke technique unto your muscle memory.

Font variations train your brain to recognize alternative character styles.

As a bonus, after each character description page you'll find an extra page dedicated to the practice of the handwriting of that letter. Feel free to photocopy these bonus pages as needed to extend the lifetime value of your workbook.

Workbook Index

SECTION ONE

Mastering the Vowels

अ

A

IPA: /ʌ/

Suggested Stroke Order For Practicing

Trace and Learn

अ अ अ अ अ अ अ

अ अ अ अ अ अ अ

अ अ अ अ अ अ अ

अ अ अ अ अ अ अ

अ अ अ अ अ अ अ

Example Font Variations

अ

अ

अ

अ अ अ अ अ अ अ अ अ

अ

अ

अ

अ

अ

अ

अ

अ

आ

AA (Ā)

IPA: /a/

Suggested Stroke Order For Practicing

Trace and Learn

आ आ आ आ आ

आ आ आ आ आ

आ आ आ आ आ

आ आ आ आ आ

आ आ आ आ आ

Example Font Variations

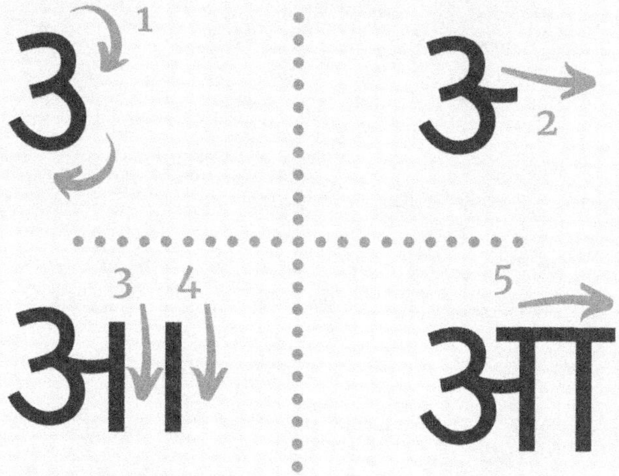

आ

आ

आ

आ आ आ आ आ आ आ

आ

आ

आ

आ

आ

आ

आ

आ

IPA: /i/

Trace and Learn

Example Font Variations

इ इ इ इ इ इ इ इ

इ इ इ इ इ इ इ इ

इ इ इ इ इ इ इ इ

इ इ इ इ इ इ इ इ

इ इ इ इ इ इ इ इ

इ
इ
इ

इ इ इ इ इ इ इ इ इ इ इ इ

इ

इ

इ

इ

इ

इ

इ

ई

EE (Ī)

IPA: /iː/

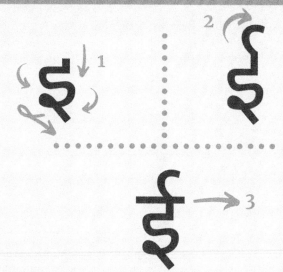

Suggested Stroke Order For Practicing

Trace and Learn

Example Font Variations

ई

ई

ई

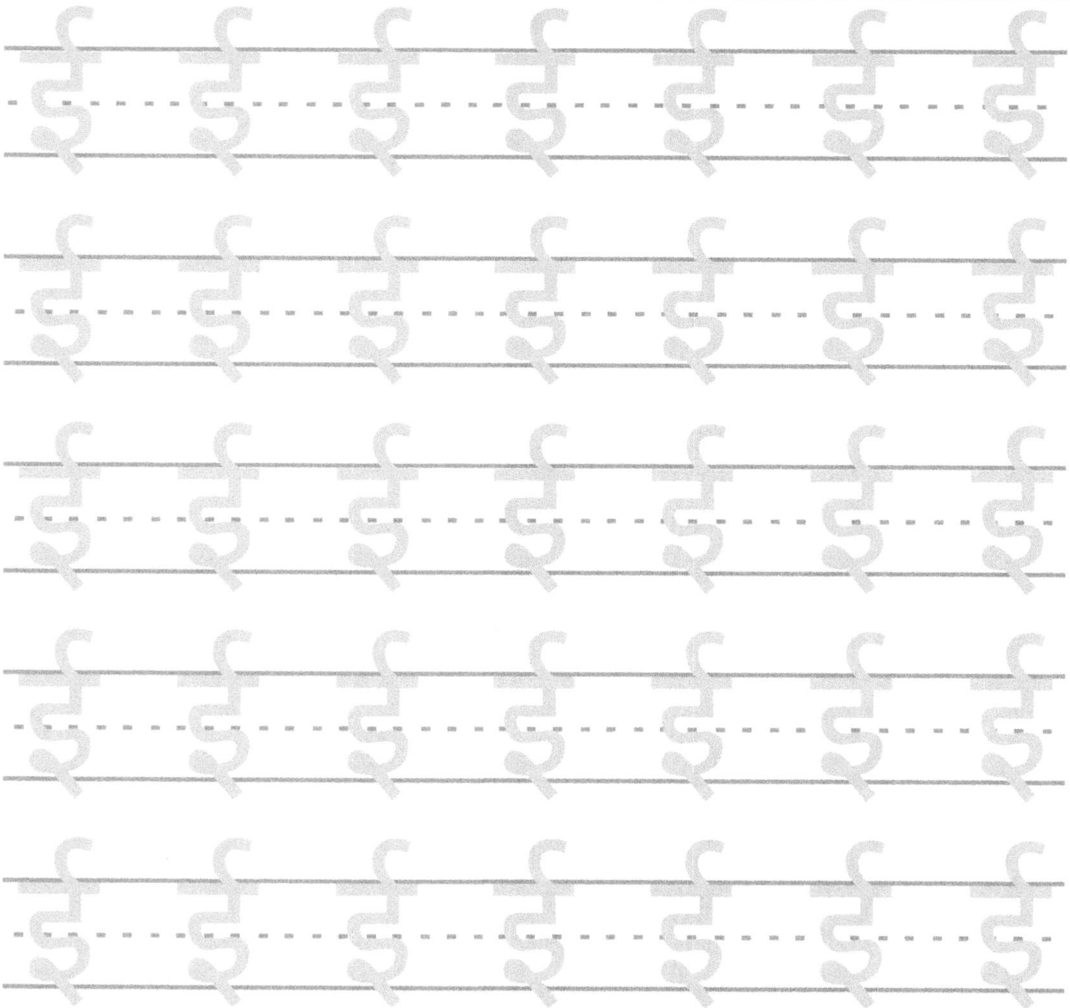

ई ई ई ई ई ई ई ई ई ई ई ई

ई

ई

ई

ई

ई

ई

ई

ई

उ

U

IPA: /u/

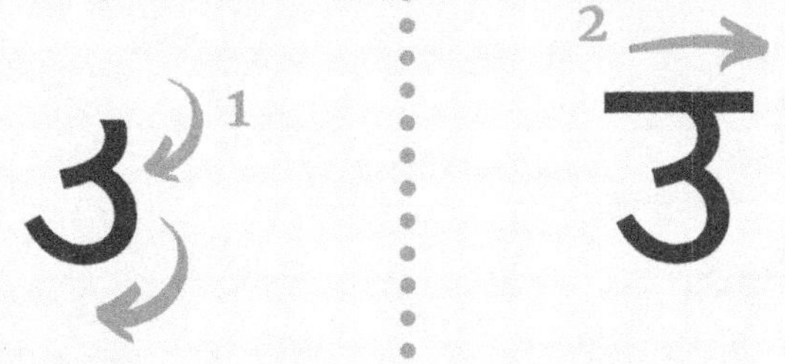

Trace and Learn

उ उ उ उ उ उ उ उ

उ उ उ उ उ उ उ उ

उ उ उ उ उ उ उ उ

उ उ उ उ उ उ उ उ

उ उ उ उ उ उ उ उ

Example Font Variations

उ

उ

उ

3 3 3 3 3 3 3 3 3 3 3 3

3

3

3

3

3

3

3

3

ऊ

OO (Ū)

IPA: /u:/

Suggested Stroke Order For Practicing

Trace and Learn

ऊ ऊ ऊ ऊ ऊ ऊ

ऊ ऊ ऊ ऊ ऊ ऊ

ऊ ऊ ऊ ऊ ऊ ऊ

ऊ ऊ ऊ ऊ ऊ ऊ

ऊ ऊ ऊ ऊ ऊ ऊ

Example Font Variations

ऊ

ऊ

ऊ

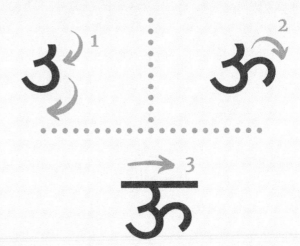

ॐ ॐ ॐ ॐ ॐ ॐ ॐ ॐ ॐ

ॐ

ॐ

ॐ

ॐ

ॐ

ॐ

ॐ

ॐ

ऋ

RE

IPA: /r̩/

Suggested Stroke Order For Practicing

Trace and Learn

Example Font Variations

ऋ

ऋ

ऋ

ऋ ऋ ऋ ऋ ऋ ऋ ऋ ऋ

ऋ

ऋ

ऋ

ऋ

ऋ

ऋ

ऋ

ऋ

ए

E

IPA: /e/

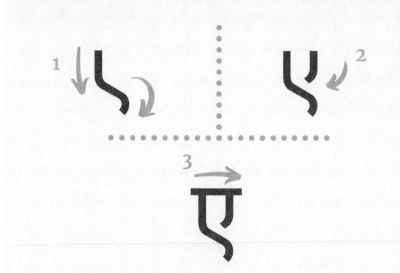

Suggested Stroke Order For Practicing

Trace and Learn

Example Font Variations

ए

ए

ए

ए ए ए ए ए ए ए ए ए ए ए

ए

ए

ए

ए

ए

ए

ए

ए

ऐ

AI

IPA: /æ:/

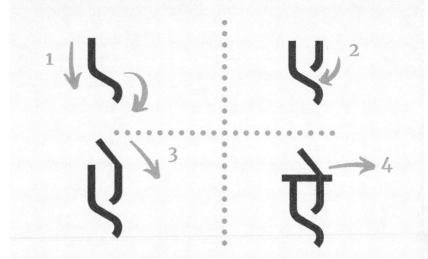

Suggested Stroke Order For Practicing

Trace and Learn

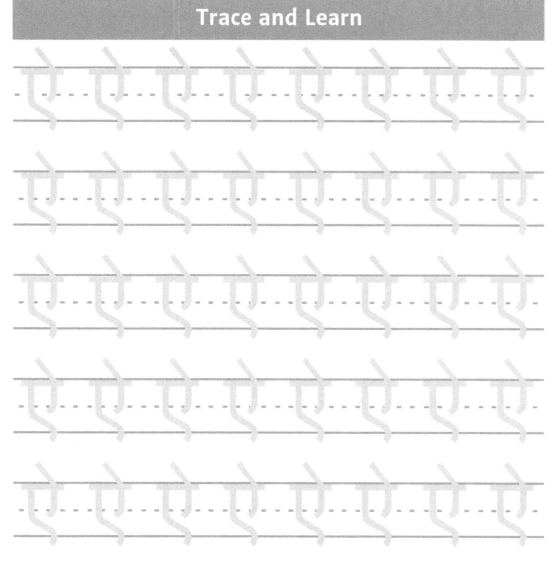

Example Font Variations

ऐ

ऐ

ऐ

ऐ ऐ ऐ ऐ ऐ ऐ ऐ ऐ ऐ ऐ ऐ

ऐ

ऐ

ऐ

ऐ

ऐ

ऐ

ऐ

ऐ

ओ

O

IPA: /o/

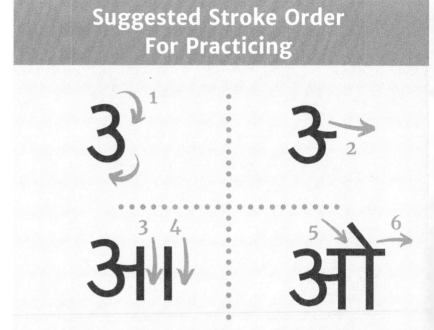

Suggested Stroke Order For Practicing

Trace and Learn

ओ ओ ओ ओ ओ

ओ ओ ओ ओ ओ

ओ ओ ओ ओ ओ

ओ ओ ओ ओ ओ

ओ ओ ओ ओ ओ

Example Font Variations

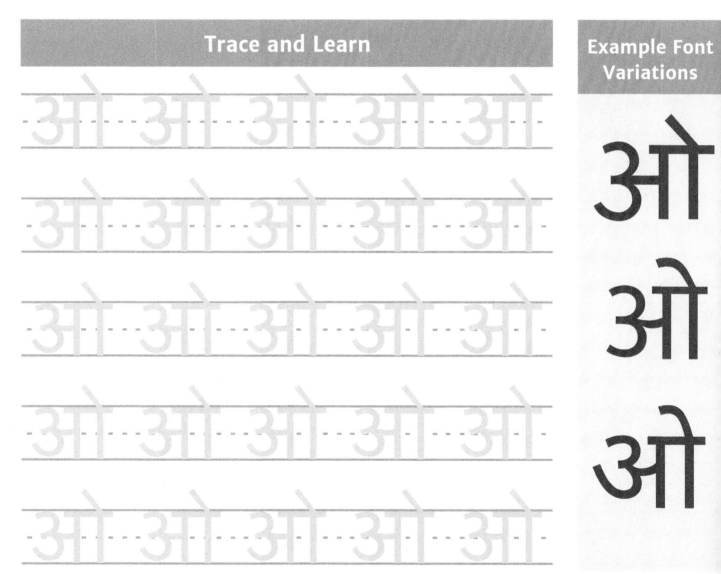

ओ

ओ

ओ

ओ ओ ओ ओ ओ ओ ओ

ओ

ओ

ओ

ओ

ओ

ओ

ओ

ओ

औ

AU

IPA: /ɔː/

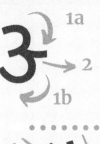

Suggested Stroke Order For Practicing

Trace and Learn

औ औ औ औ औ

औ औ औ औ औ

औ औ औ औ औ

औ औ औ औ औ

औ औ औ औ औ

Example Font Variations

औ

औ

औ

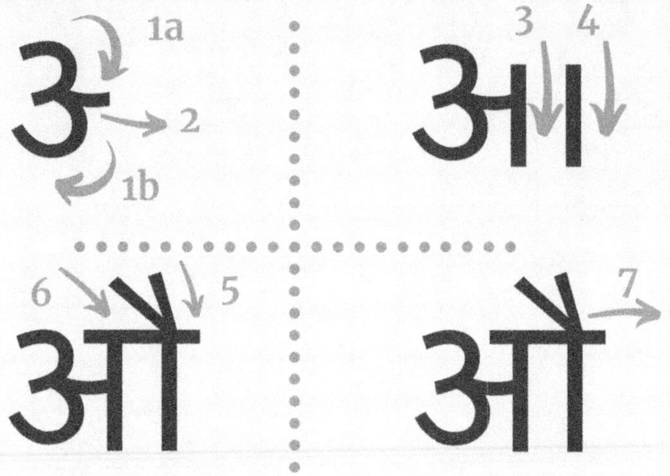

औ औ औ औ औ औ औ

औ

औ

औ

औ

औ

औ

औ

औ

अं

UN (AṄ)

IPA: /aŋ/

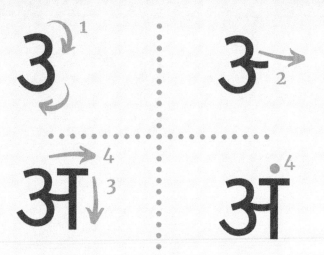

Suggested Stroke Order For Practicing

Trace and Learn

अं अं अं अं अं अं अं

अं अं अं अं अं अं अं

अं अं अं अं अं अं अं

अं अं अं अं अं अं अं

अं अं अं अं अं अं अं

Example Font Variations

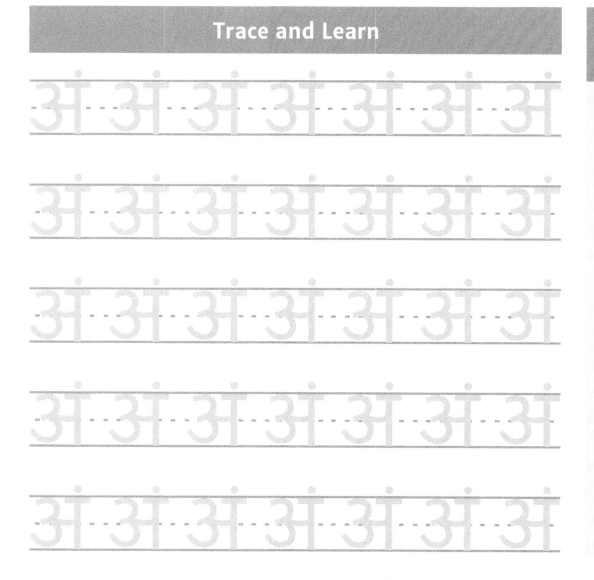

अं

अं

अं

अं अं अं अं अं अं अं अं अं

अं

अं

अं

अं

अं

अं

अं

अं

अः

AH

IPA: /əh/

Suggested Stroke Order For Practicing

Trace and Learn

अः अः अः अः अः अः

अः अः अः अः अः अः

अः अः अः अः अः अः

अः अः अः अः अः अः

अः अः अः अः अः अः

Example Font Variations

अः

अः

अः

अः अः अः अः अः अः अः अः

अः

अः

अः

अः

अः

अः

अः

अः

अँ

ÃṂ

IPA: /ãː/

Suggested Stroke Order For Practicing

Trace and Learn

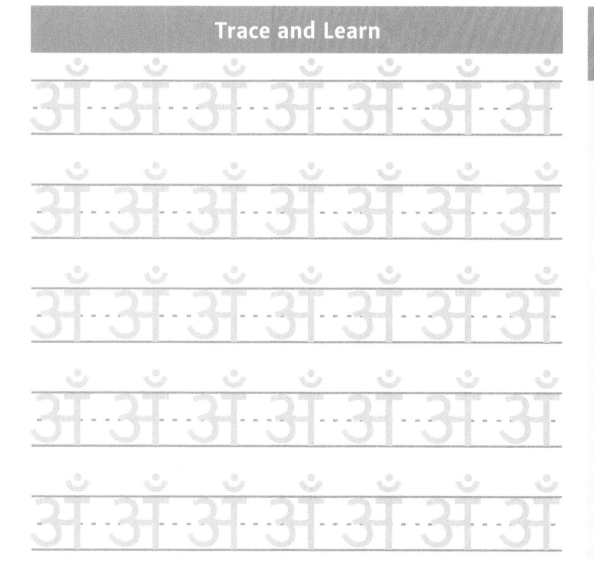

अँ अँ अँ अँ अँ अँ अँ

अँ अँ अँ अँ अँ अँ अँ

अँ अँ अँ अँ अँ अँ अँ

अँ अँ अँ अँ अँ अँ अँ

अँ अँ अँ अँ अँ अँ अँ

Example Font Variations

अँ

अँ

अँ

अँ अँ अँ अँ अँ अँ अँ अँ अँ

अँ

अँ

अँ

अँ

अँ

अँ

अँ

अँ

SECTION TWO

Mastering
the Consonants

क

KA

IPA: /k/

Suggested Stroke Order For Practicing

Trace and Learn

क क क क क क

क क क क क क

क क क क क क

क क क क क क

क क क क क क

Example Font Variations

क

क

क

क क क क क क क क

क

क

क

क

क

क

क

क

ख

KHA

IPA: /kʰ/

Suggested Stroke Order For Practicing

Trace and Learn

ख ख ख ख ख ख

ख ख ख ख ख ख

ख ख ख ख ख ख

ख ख ख ख ख ख

ख ख ख ख ख ख

Example Font Variations

ख

ख

ख

ख - ख - ख - ख - ख - ख - ख - ख

ख

ख

ख

ख

ख

ख

ख

ख

ग

GA

IPA: /g/

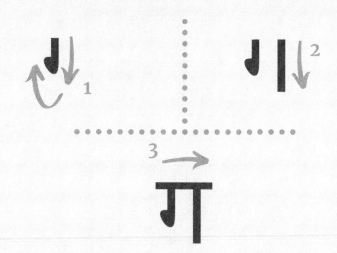

Suggested Stroke Order For Practicing

Trace and Learn

ग ग ग ग ग ग ग ग

ग ग ग ग ग ग ग ग

ग ग ग ग ग ग ग ग

ग ग ग ग ग ग ग ग

ग ग ग ग ग ग ग ग

Example Font Variations

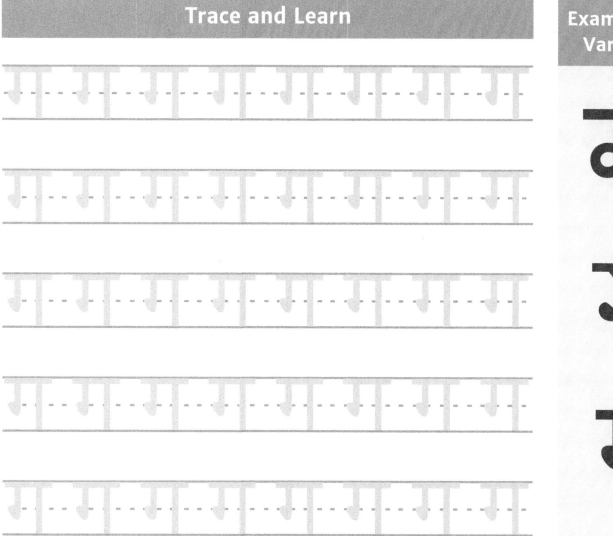

ग

ग

ग

ग ग ग ग ग ग ग ग ग ग ग

ग

ग

ग

ग

ग

ग

ग

ग

ਘ

GHA

IPA: /gʱ/

Suggested Stroke Order For Practicing

Trace and Learn

ਘ ਘ ਘ ਘ ਘ ਘ ਘ

ਘ ਘ ਘ ਘ ਘ ਘ ਘ

ਘ ਘ ਘ ਘ ਘ ਘ ਘ

ਘ ਘ ਘ ਘ ਘ ਘ ਘ

ਘ ਘ ਘ ਘ ਘ ਘ ਘ

Example Font Variations

ਘ

ਘ

ਘ

घ घ घ घ घ घ घ घ घ घ घ

घ

घ

घ

घ

घ

घ

घ

घ

NGA

IPA: /ŋ/

Trace and Learn

Example Font Variations

ङ ङ ङ ङ ङ ङ ङ

ङ ङ ङ ङ ङ ङ ङ

ङ ङ ङ ङ ङ ङ ङ

ङ ङ ङ ङ ङ ङ ङ

ङ ङ ङ ङ ङ ङ ङ

ङ

ङ

ङ

ड़ ड़ ड़ ड़ ड़ ड़ ड़ ड़ ड़ ड़

ड़

ड़

ड़

ड़

ड़

ड़

ड़

ड़

च

CA

IPA: /ʧ/

Suggested Stroke Order For Practicing

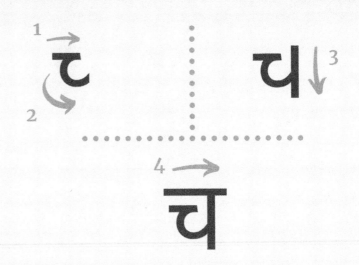

Trace and Learn

च च च च च च च

च च च च च च च

च च च च च च च

च च च च च च च

च च च च च च च

Example Font Variations

च

च

च

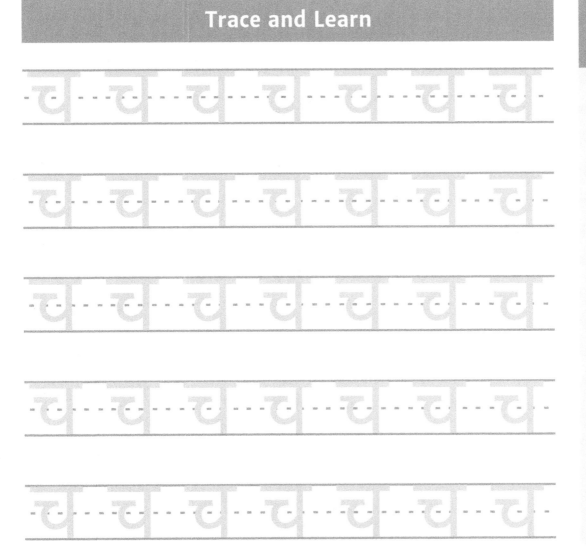

च च च च च च च च च च च

च

च

च

च

च

च

च

CHA

IPA: /t͡ʃʰ/

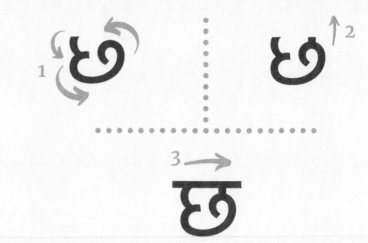

Trace and Learn

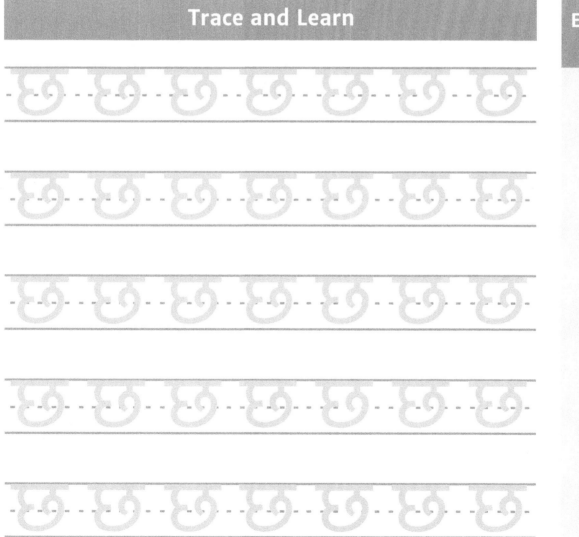

ছ ছ ছ ছ ছ ছ ছ ছ ছ

ছ

ছ

ছ

ছ

ছ

ছ

ছ

ছ

ज

JA

IPA: /ʤ/

Suggested Stroke Order For Practicing

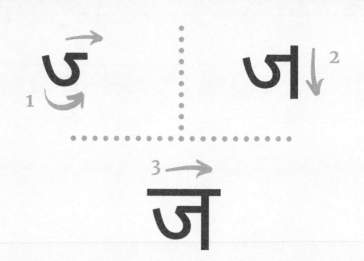

Trace and Learn

ज ज ज ज ज ज

ज ज ज ज ज ज

ज ज ज ज ज ज

ज ज ज ज ज ज

ज ज ज ज ज ज

Example Font Variations

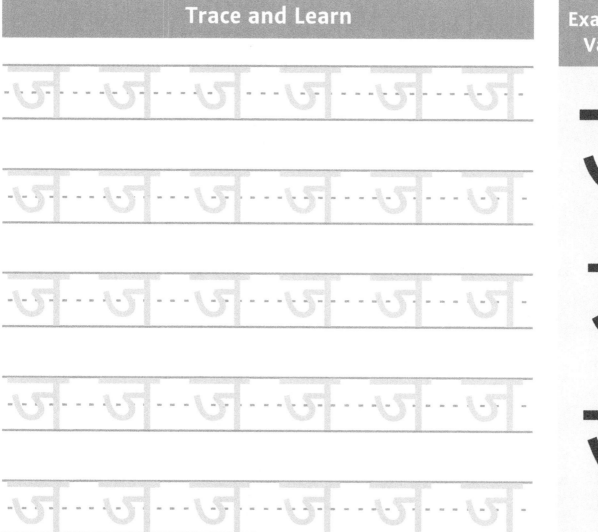

ज

ज

ज

ज ज ज ज ज ज ज ज ज

ज

ज

ज

ज

ज

ज

ज

ज

झ

JHA

IPA: /dʒʱ/

Suggested Stroke Order For Practicing

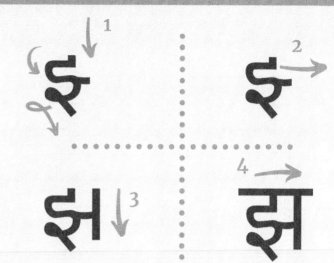

Trace and Learn

झ झ झ झ झ झ

झ झ झ झ झ झ

झ झ झ झ झ झ

झ झ झ झ झ झ

झ झ झ झ झ झ

Example Font Variations

झ

झ

झ

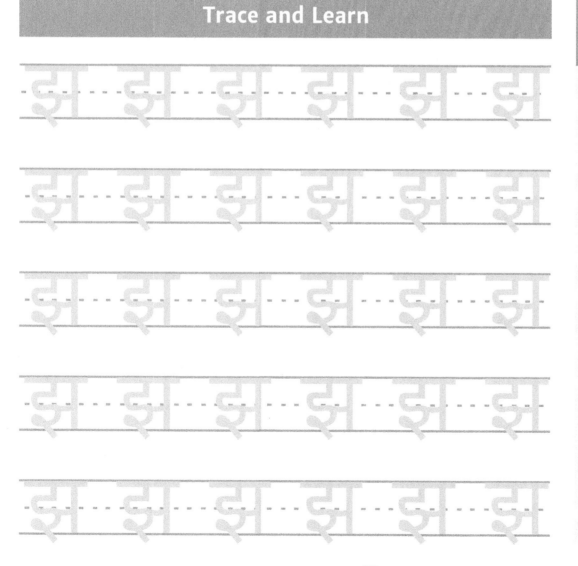

झ झ झ झ झ झ झ झ झ

झ

झ

झ

झ

झ

झ

झ

झ

झ

ञ

NYA

IPA: /ɲ/

Suggested Stroke Order For Practicing

Trace and Learn

Example Font Variations

ञ

ञ

ञ

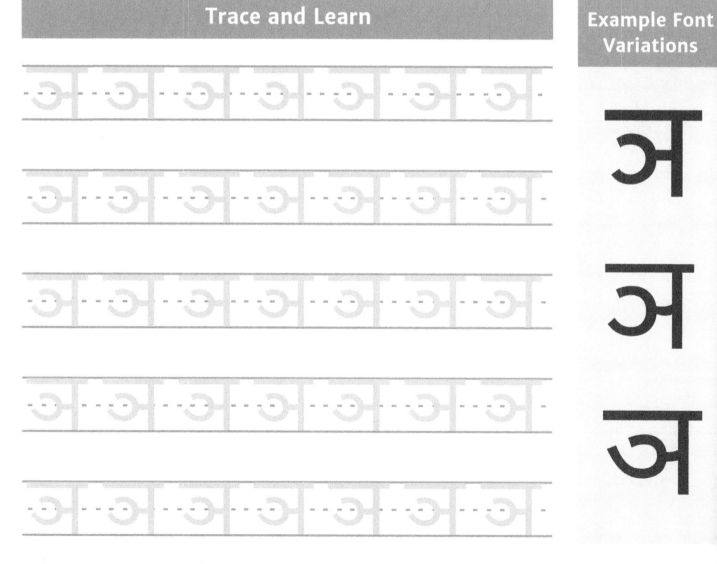

अ अ अ अ अ अ अ अ अ

अ

अ

अ

अ

अ

अ

अ

अ

ट

TTA

IPA: /ʈ/

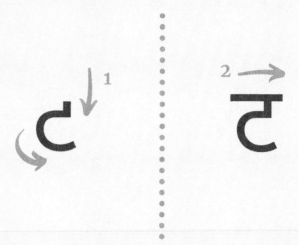

Suggested Stroke Order For Practicing

Trace and Learn

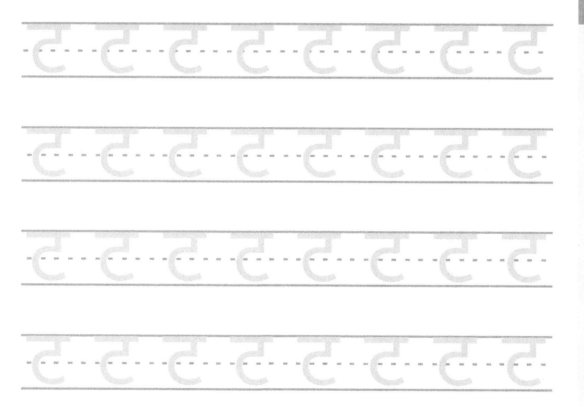

ट ट ट ट ट ट ट ट

ट ट ट ट ट ट ट ट

ट ट ट ट ट ट ट ट

ट ट ट ट ट ट ट ट

ट ट ट ट ट ट ट ट

Example Font Variations

ट

ट

ट

ट ट ट ट ट ट ट ट ट ट ट ट

ट

ट

ट

ट

ट

ट

ट

ट

ठ

TTHA

IPA: /ʈʰ/

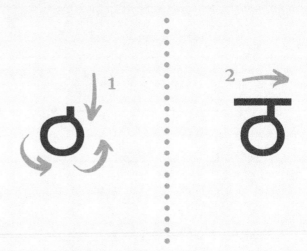

Suggested Stroke Order For Practicing

Trace and Learn

Example Font Variations

ठ

ठ

ठ

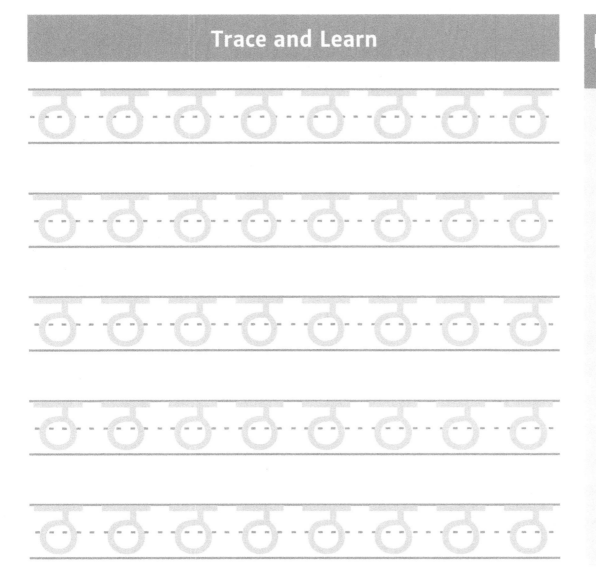

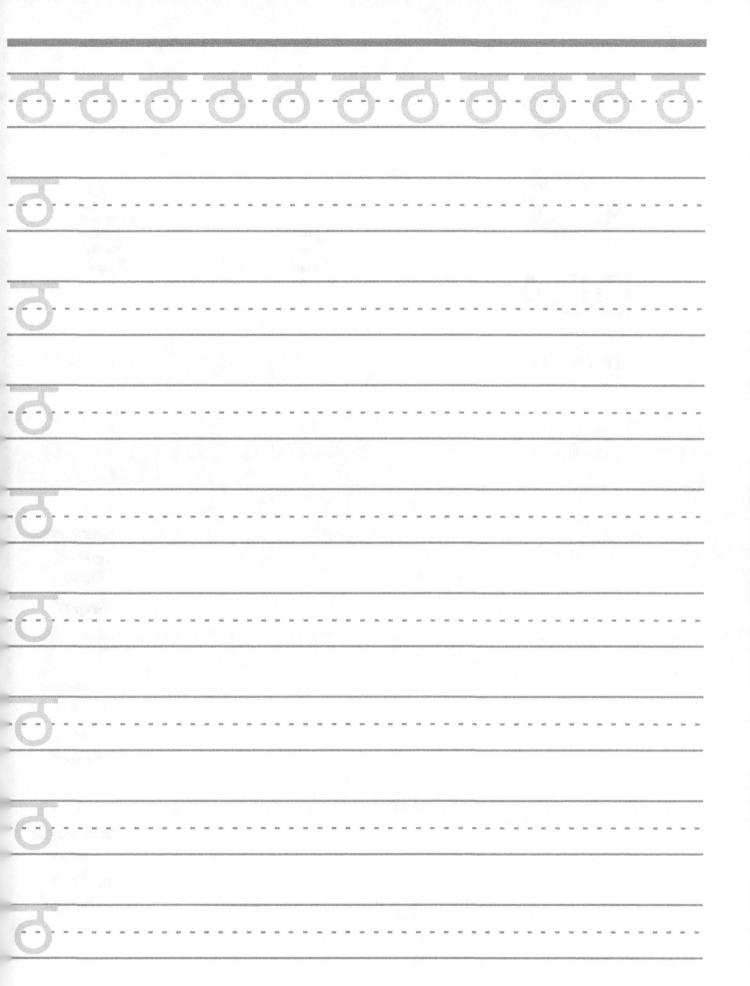

ठ ठ ठ ठ ठ ठ ठ ठ ठ ठ ठ

ठ

ठ

ठ

ठ

ठ

ठ

ठ

ठ

ठ

ड

DDA

IPA: /ɖ/

Suggested Stroke Order For Practicing

Trace and Learn

ड ड ड ड ड ड ड ड

ड ड ड ड ड ड ड ड

ड ड ड ड ड ड ड ड

ड ड ड ड ड ड ड ड

ड ड ड ड ड ड ड ड

Example Font Variations

ड

ड

ड

ड ड ड ड ड ड ड ड ड ड ड

ड

ड

ड

ड

ड

ड

ड

ड

ढ

DDHA

IPA: /ɖʱ/

Suggested Stroke Order For Practicing

Trace and Learn

ढ ढ ढ ढ ढ ढ ढ ढ

ढ ढ ढ ढ ढ ढ ढ ढ

ढ ढ ढ ढ ढ ढ ढ ढ

ढ ढ ढ ढ ढ ढ ढ ढ

ढ ढ ढ ढ ढ ढ ढ ढ

Example Font Variations

ढ

ढ

ढ

ढ ढ ढ ढ ढ ढ ढ ढ ढ ढ ढ

ढ

ढ

ढ

ढ

ढ

ढ

ढ

ढ

ढ

णा

NNA

IPA: /ɖʰ/

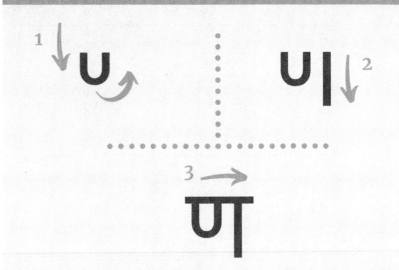

Trace and Learn

Example Font Variations

णा णा णा णा णा णा णा णा णा णा

णा णा णा णा णा णा णा णा णा णा

णा णा णा णा णा णा णा णा णा णा

णा णा णा णा णा णा णा णा णा णा

णा णा णा णा णा णा णा णा

णा

णा

णा

ण ण ण ण ण ण ण ण ण

ण

ण

ण

ण

ण

ण

ण

ण

त

TA

IPA: /t/

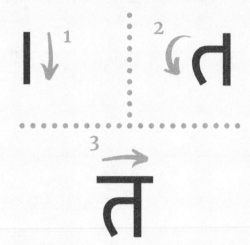

Suggested Stroke Order For Practicing

Trace and Learn

त त त त त त त त

त त त त त त त त

त त त त त त त त

त त त त त त त त

त त त त त त त त

Example Font Variations

त

त

त

त त त त त त त त त त

त

त

त

त

त

त

त

त

थ

THA

IPA: $/t^h/$

Suggested Stroke Order For Practicing

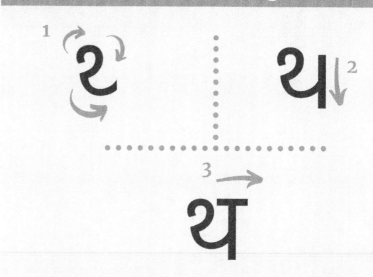

Trace and Learn

थ थ थ थ थ थ थ

थ थ थ थ थ थ थ

थ थ थ थ थ थ थ

थ थ थ थ थ थ थ

थ थ थ थ थ थ थ

Example Font Variations

थ

थ

थ

थ थ थ थ थ थ थ थ थ थ

थ

थ

थ

थ

थ

थ

थ

थ

द

DA

IPA: /d/

Suggested Stroke Order For Practicing

Trace and Learn

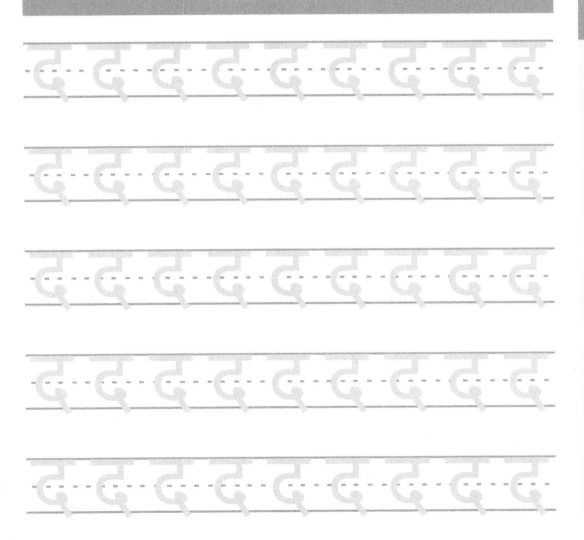

Example Font Variations

द

द

द

द द द द द द द द द द द द

द

द

द

द

द

द

द

द

ध

DHA

IPA: /dʱ/

Suggested Stroke Order For Practicing

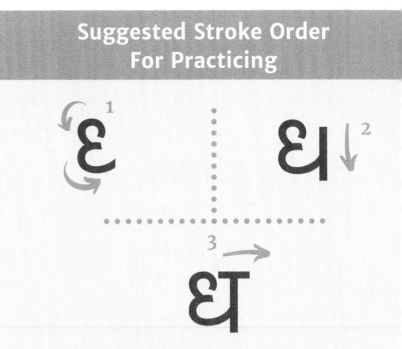

Trace and Learn

ध ध ध ध ध ध ध

ध ध ध ध ध ध ध

ध ध ध ध ध ध ध

ध ध ध ध ध ध ध

ध ध ध ध ध ध ध

Example Font Variations

ध

ध

ध

ध ध ध ध ध ध ध ध ध ध

ध

ध

ध

ध

ध

ध

ध

ध

न

NA

IPA: /n/

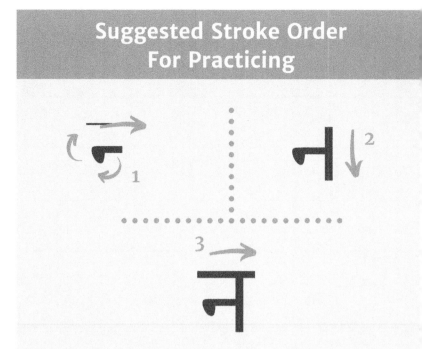

Suggested Stroke Order For Practicing

Trace and Learn

Example Font Variations

न

न

न

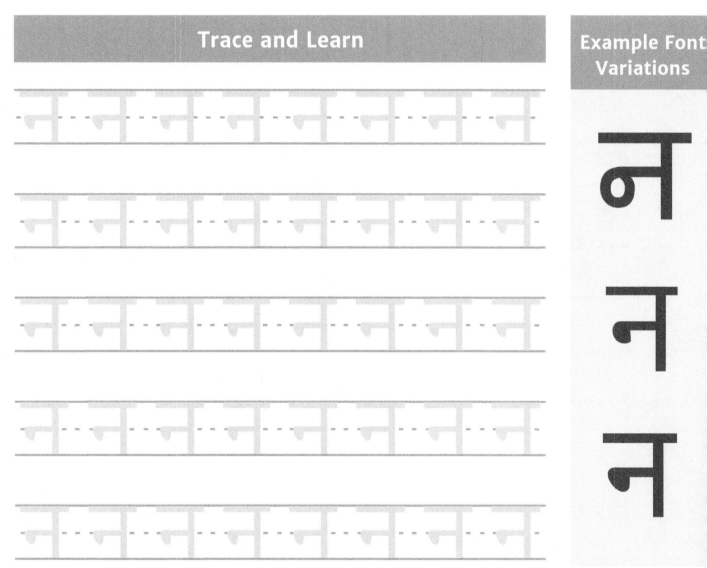

न न न न न न न न न न न

न

न

न

न

न

न

न

न

प

PA

IPA: /p/

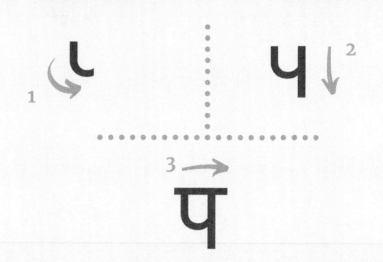

Suggested Stroke Order For Practicing

Trace and Learn

Example Font Variations

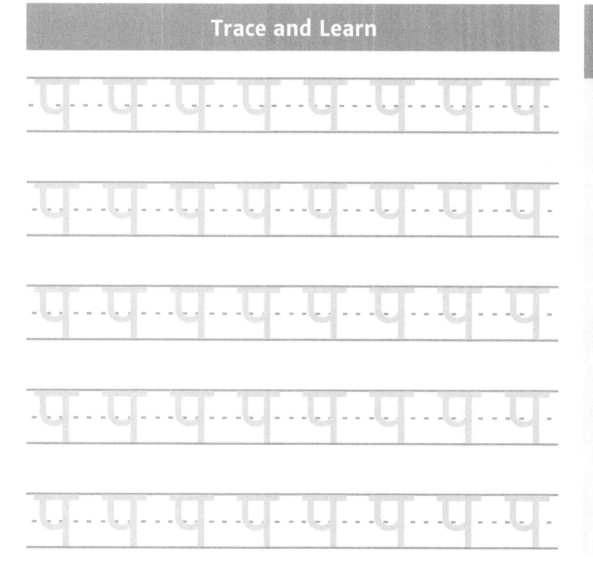

प

प

प

प प प प प प प प प प प

प

प

प

प

प

प

प

प

फ

PHA

IPA: /p^h/

Suggested Stroke Order For Practicing

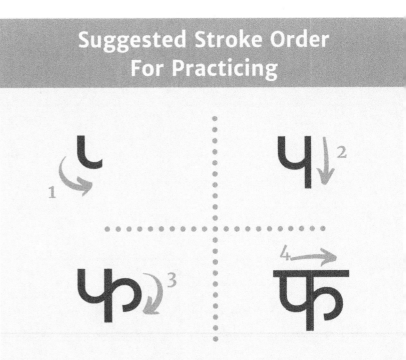

Trace and Learn

Example Font Variations

फ

फ

फ

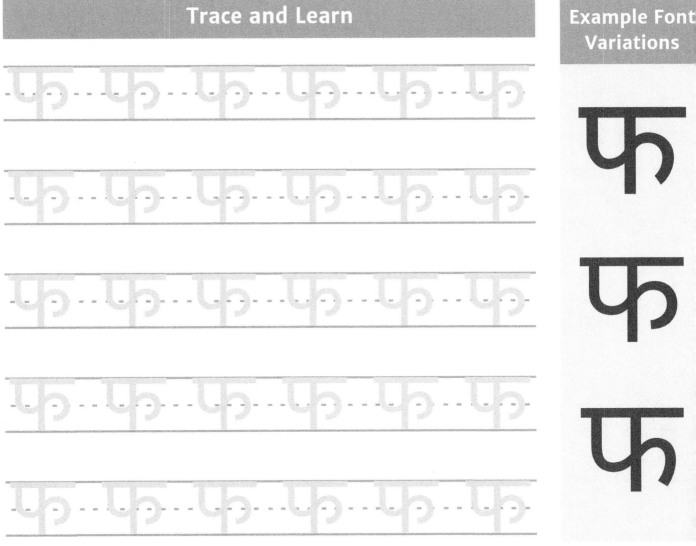

फ फ फ फ फ फ फ फ

फ

फ

फ

फ

फ

फ

फ

फ

ब

BA

IPA: /b/

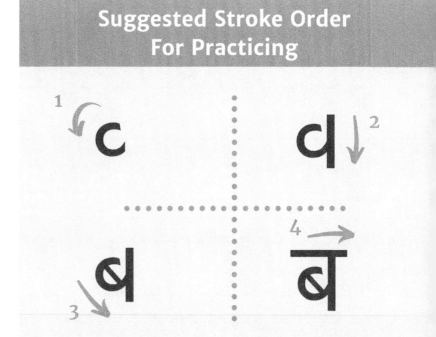

Suggested Stroke Order For Practicing

Trace and Learn

Example Font Variations

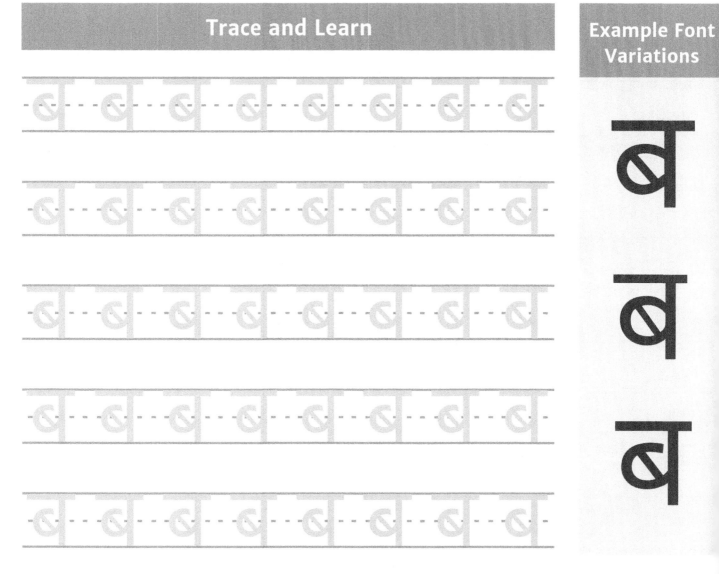

ब

ब

ब

ब ब ब ब ब ब ब ब ब ब

ब

ब

ब

ब

ब

ब

ब

ब

भ

BHA

IPA: /bʱ/

Suggested Stroke Order For Practicing

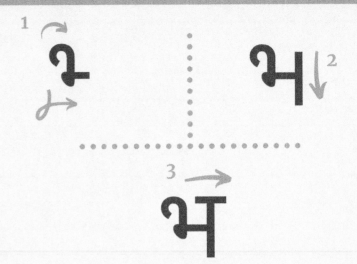

Trace and Learn

भ भ भ भ भ भ भ

भ भ भ भ भ भ भ

भ भ भ भ भ भ भ

भ भ भ भ भ भ भ

भ भ भ भ भ भ भ

Example Font Variations

भ

भ

भ

भ भ भ भ भ भ भ भ भ

भ

भ

भ

भ

भ

भ

भ

भ

म

MA

IPA: /m/

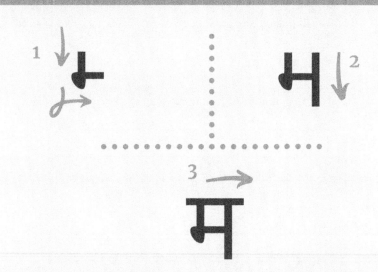

Suggested Stroke Order For Practicing

Trace and Learn

म म म म म म म म

म म म म म म म म

म म म म म म म म

म म म म म म म म

म म म म म म म म

Example Font Variations

म

म

म

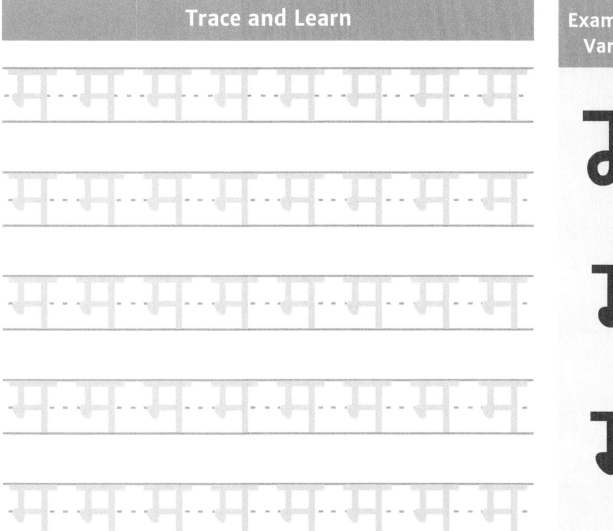

म म म म म म म म म म

म

म

म

म

म

म

म

म

य

YA

IPA: /j/

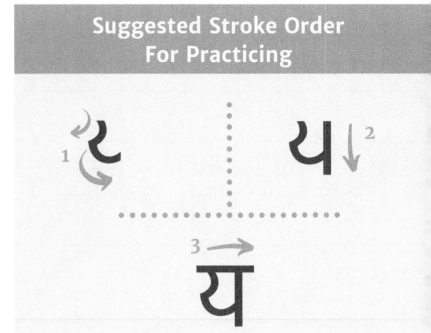

Suggested Stroke Order For Practicing

Trace and Learn

य य य य य य य य

य य य य य य य य

य य य य य य य य

य य य य य य य य

य य य य य य य य

Example Font Variations

य

य

य

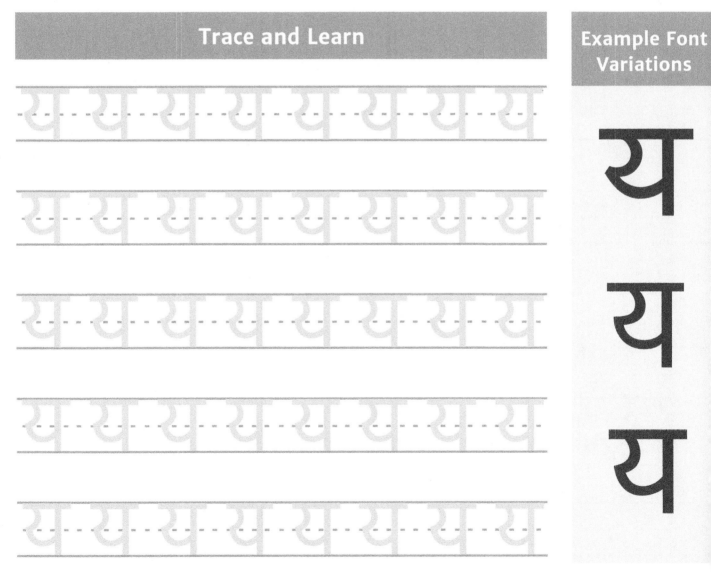

य य य य य य य य य य य

य

य

य

य

य

य

य

य

र

RA

IPA: /r/

Suggested Stroke Order For Practicing

Trace and Learn

Example Font Variations

र

र

र

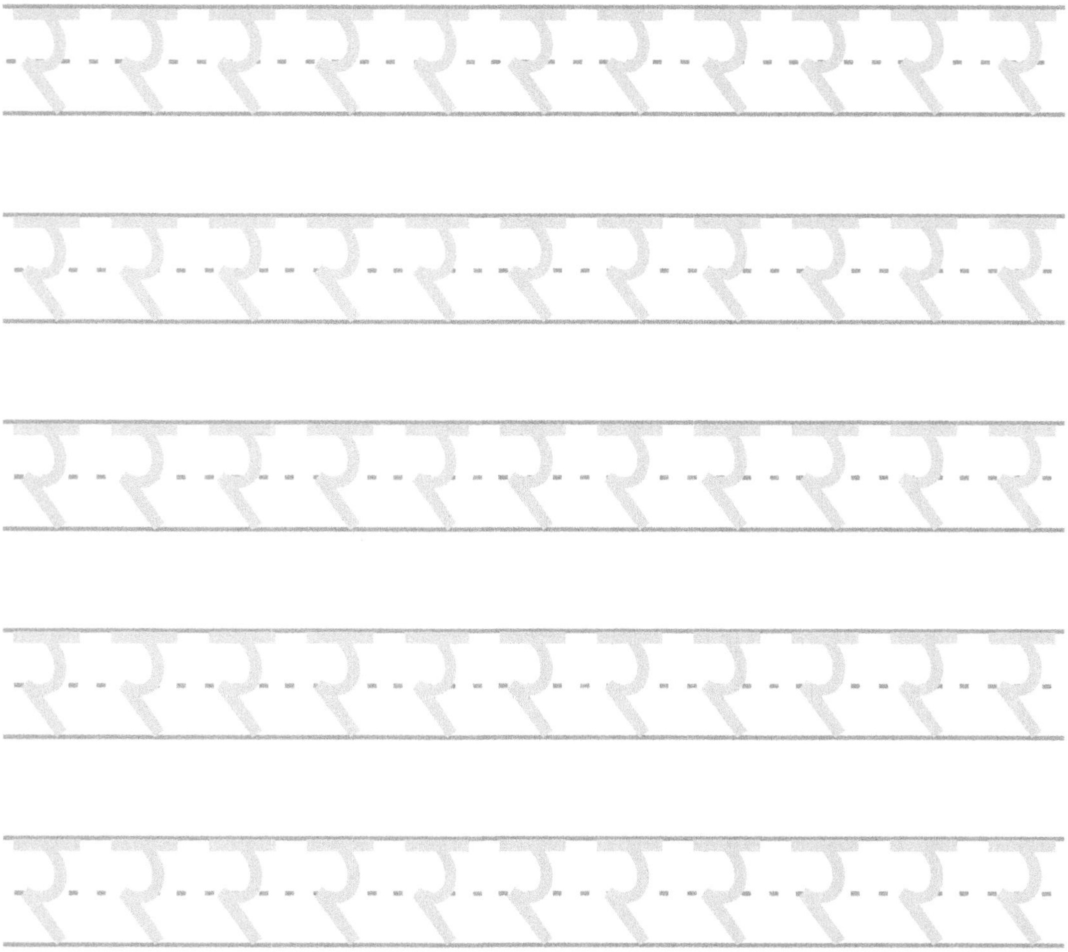

र र र र र र र र र र र र र

र

र

र

र

र

र

र

र

ल

LA

IPA: /l/

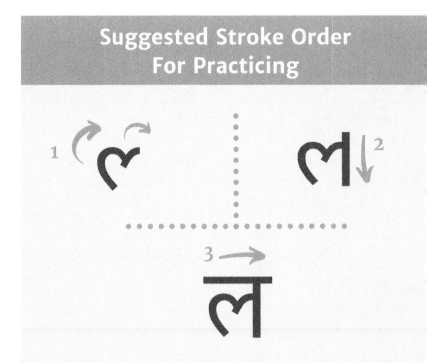

Suggested Stroke Order For Practicing

Trace and Learn

Example Font Variations

ल

ल

ल

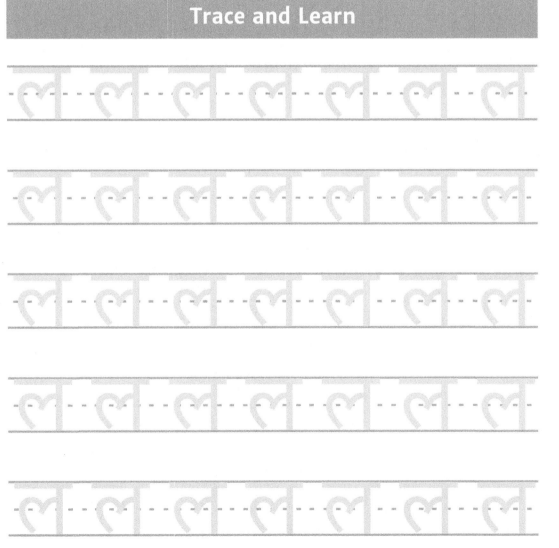

ल ल ल ल ल ल ल ल ल

ल

ल

ल

ल

ल

ल

ल

ल

व

VA

IPA: /ʋ/

Suggested Stroke Order For Practicing

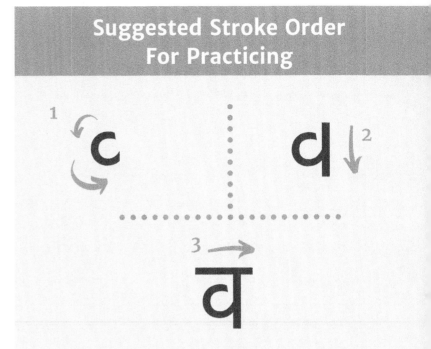

Trace and Learn

व व व व व व व व

व व व व व व व व

व व व व व व व व

व व व व व व व व

व व व व व व व व

Example Font Variations

व

व

व

व व व व व व व व व व

व

व

व

व

व

व

व

व

श

SHA

IPA: /ʃ/

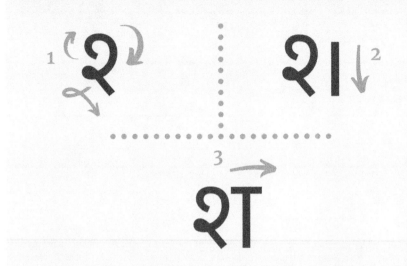

Suggested Stroke Order For Practicing

श
शा
श

Trace and Learn

श श श श श श श

श श श श श श श

श श श श श श श

श श श श श श श

श श श श श श श

Example Font Variations

श

श

श

श श श श श श श श श

श

श

श

श

श

श

श

श

ष

SSA

IPA: /ʂ/

Suggested Stroke Order For Practicing

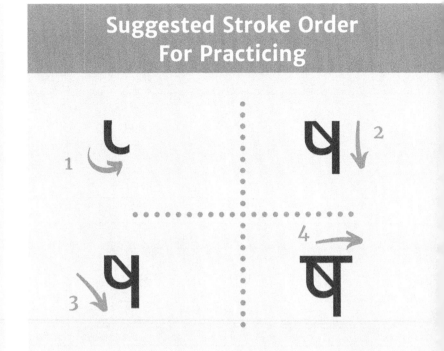

Trace and Learn

ष ष ष ष ष ष ष ष

ष ष ष ष ष ष ष ष

ष ष ष ष ष ष ष ष

ष ष ष ष ष ष ष ष

ष ष ष ष ष ष ष ष

Example Font Variations

ष

ष

ष

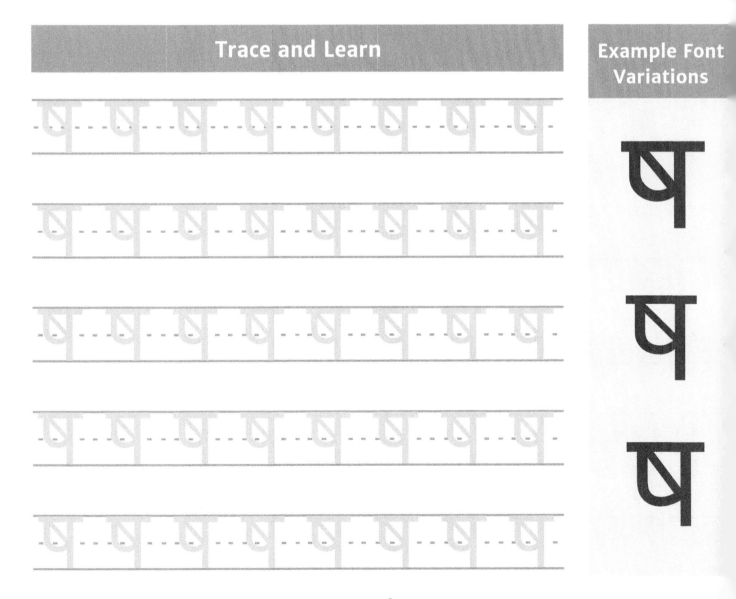

ष ष ष ष ष ष ष ष ष ष ष

ष

ष

ष

ष

ष

ष

ष

ष

स

SA

IPA: /s/

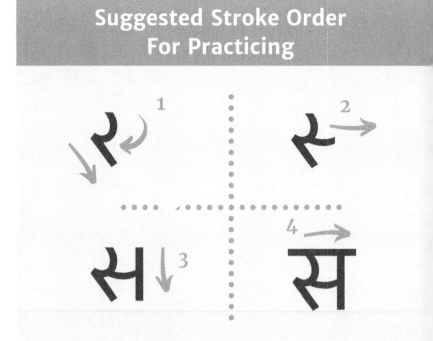

Suggested Stroke Order For Practicing

Trace and Learn

Example Font Variations

स

स

स

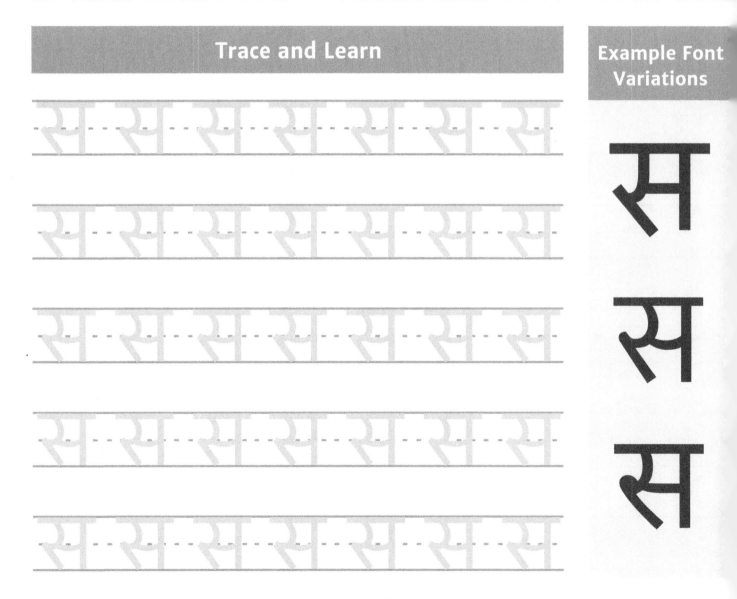

स स स स स स स स स

स

स

स

स

स

स

स

स

ਹ

HA

IPA: /ɦ/

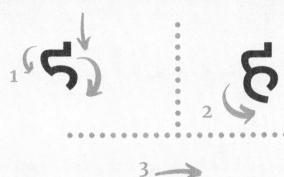

Suggested Stroke Order For Practicing

Trace and Learn

Example Font Variations

ਹ

ਹ ਹ

ਹ ਹ

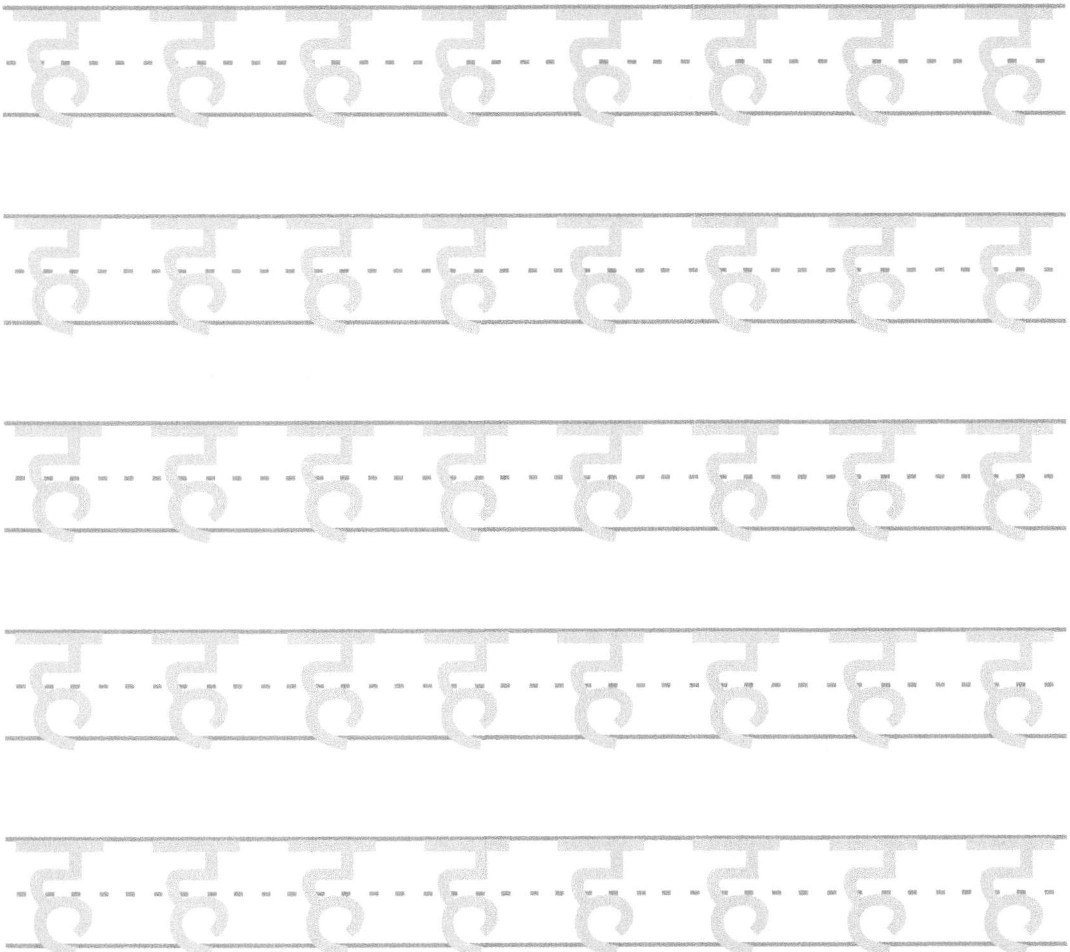

ह ह ह ह ह ह ह ह ह ह ह

ह

ह

ह

ह

ह

ह

ह

ह

SECTION THREE

Mastering
Eight Additional
Consonants

क़

QA

IPA: /q/

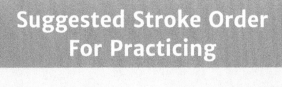

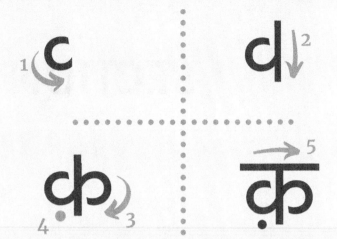

Suggested Stroke Order For Practicing

Trace and Learn

Example Font Variations

क़

क़

क़

क क क क क क क क

क

क

क

क

क

क

क

क

क

ख़

KHHA

IPA: /x/

Suggested Stroke Order For Practicing

Trace and Learn

Example Font Variations

ख़

ख़

ख़

ख़ ख़ ख़ ख़ ख़ ख़ ख़ ख़

ख़

ख़

ख़

ख़

ख़

ख़

ख़

ख़

ਗ਼

GHHA

IPA: /ɣ/

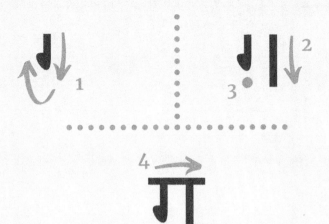

Suggested Stroke Order For Practicing

Trace and Learn

Example Font Variations

ਗ਼

ਗ਼

ਗ਼

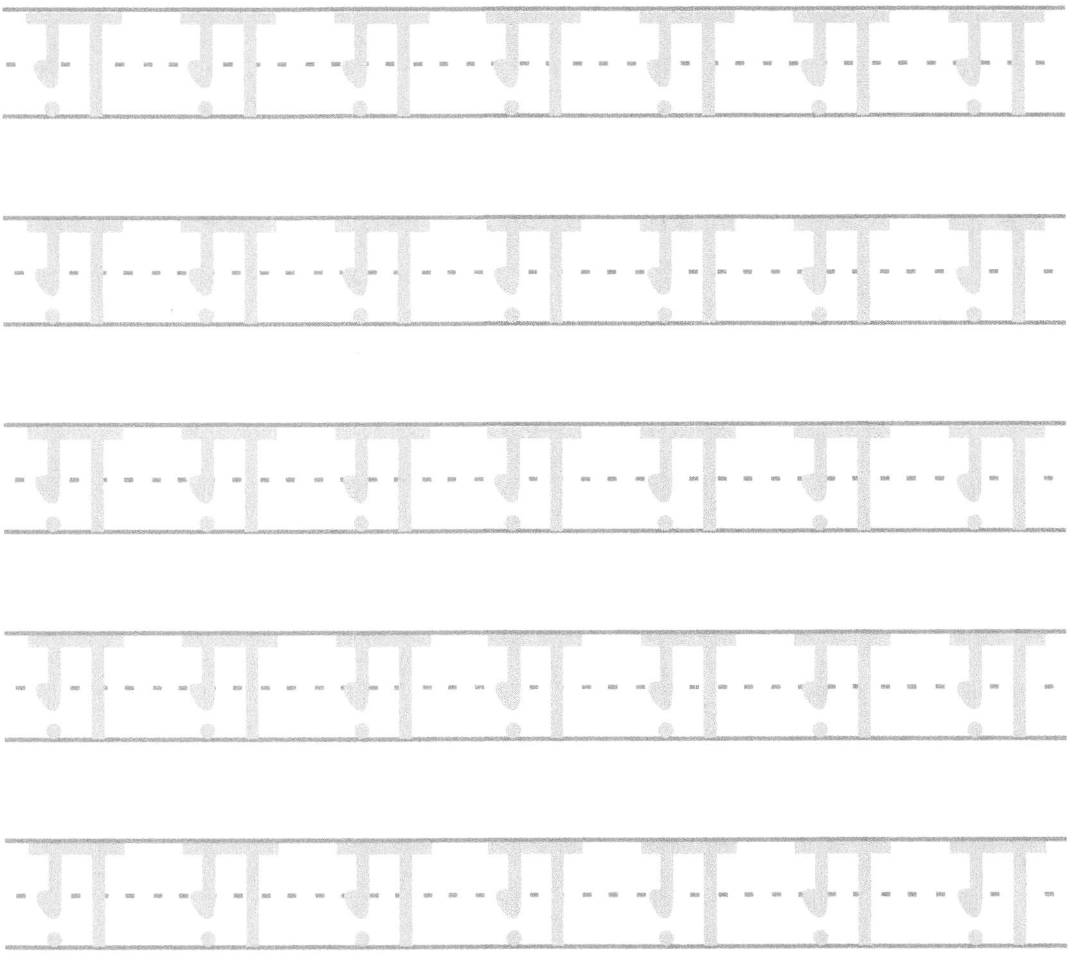

ग़ ग़ ग़ ग़ ग़ ग़ ग़ ग़ ग़ ग़ ग़

ग़

ग़

ग़

ग़

ग़

ग़

ग़

ग़

ग़

ज़

ZA

IPA: /z/

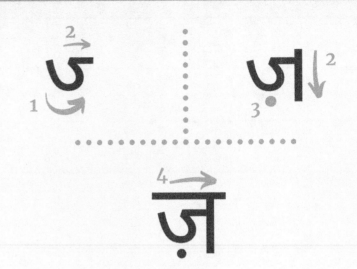

Suggested Stroke Order For Practicing

Trace and Learn

Example Font Variations

ज़

ज़

ज़

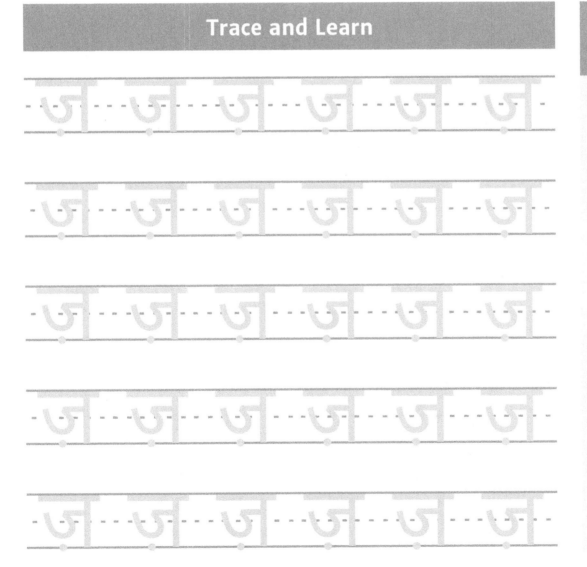

ज़ ज़ ज़ ज़ ज़ ज़ ज़ ज़ ज़

ज़

ज़

ज़

ज़

ज़

ज़

ज़

ज़

झ़

ZHA

IPA: /ʒ/

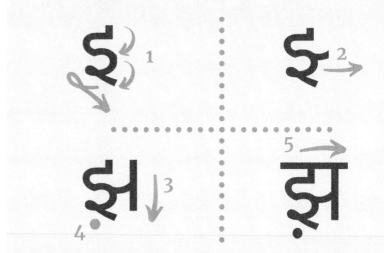

Suggested Stroke Order For Practicing

Trace and Learn

झ़ झ़ झ़ झ़ झ़ झ़

झ़ झ़ झ़ झ़ झ़ झ़

झ़ झ़ झ़ झ़ झ़ झ़

झ़ झ़ झ़ झ़ झ़ झ़

झ़ झ़ झ़ झ़ झ़ झ़

Example Font Variations

झ़

झ़

झ़

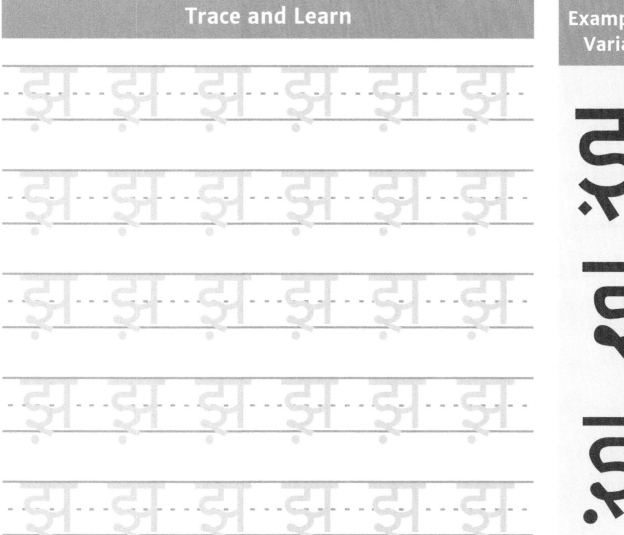

झ़ झ़ झ़ झ़ झ़ झ़ झ़ झ़ झ़

 झ़

 झ़

 झ़

 झ़

झ़

 झ़

 झ़

 झ़

RA

IPA: /ɽ/

Trace and Learn

Example Font Variations

ड़ ड़ ड़ ड़ ड़ ड़ ड़

ड़ ड़ ड़ ड़ ड़ ड़ ड़

ड़ ड़ ड़ ड़ ड़ ड़ ड़

ड़ ड़ ड़ ड़ ड़ ड़ ड़

ड़ ड़ ड़ ड़ ड़ ड़ ड़

ड़

ड़

ड़

ङ ङ ङ ङ ङ ङ ङ ङ ङ ङ ङ

ङ

ङ

ङ

ङ

ङ

ङ

ङ

ङ

ढ़

RHA

IPA: /ɽʱ/

Suggested Stroke Order For Practicing

Trace and Learn

Example Font Variations

ढ़

ढ़

ढ़

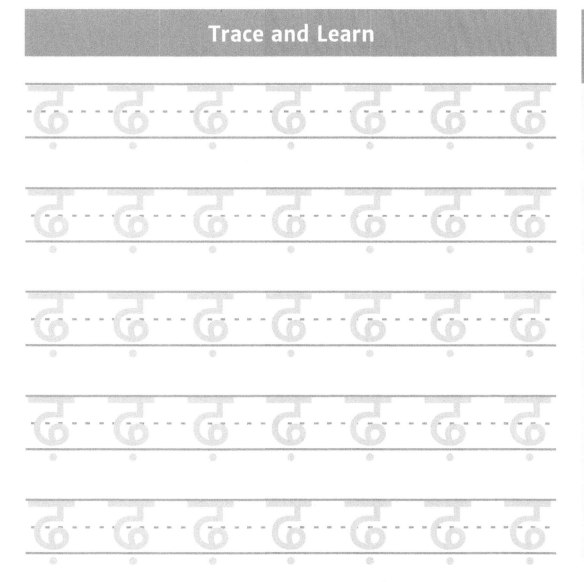

ढ़ ढ़ ढ़ ढ़ ढ़ ढ़ ढ़ ढ़ ढ़ ढ़ ढ़

ढ़

ढ़

ढ़

ढ़

ढ़

ढ़

ढ़

ढ़

फ़

FA

IPA: /f/

Suggested Stroke Order For Practicing

Trace and Learn

Example Font Variations

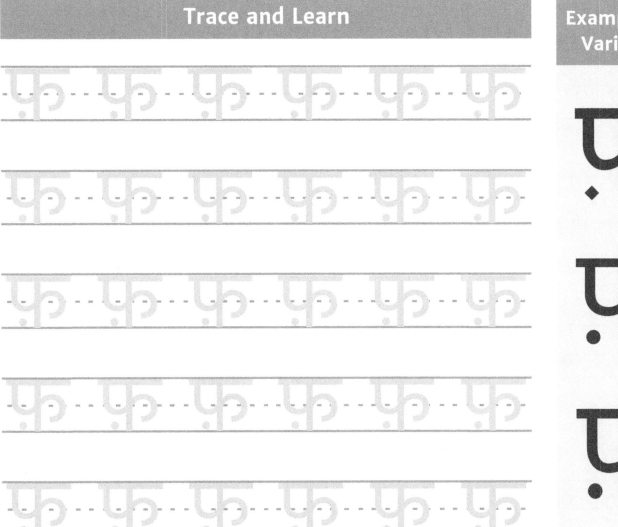

फ़

फ़

फ़

फ़ फ़ फ़ फ़ फ़ फ़ फ़ फ़

फ़

फ़

फ़

फ़

फ़

फ़

फ़

फ़

SECTION FOUR

Mastering Common Conjunct Consonants

क्ष

KṢA

(KSHA)

Suggested Stroke Order For Practicing

Trace and Learn

क्ष क्ष क्ष क्ष क्ष क्ष क्ष

क्ष क्ष क्ष क्ष क्ष क्ष क्ष

क्ष क्ष क्ष क्ष क्ष क्ष क्ष

क्ष क्ष क्ष क्ष क्ष क्ष क्ष

क्ष क्ष क्ष क्ष क्ष क्ष क्ष

Example Font Variations

क्ष

क्ष

क्ष

क्ष क्ष क्ष क्ष क्ष क्ष क्ष क्ष क्ष

क्ष

क्ष

क्ष

क्ष

क्ष

क्ष

क्ष

क्ष

ज्ञ

GYA

(JÑA)

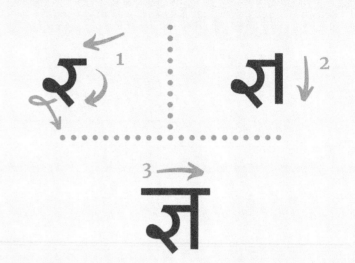

Suggested Stroke Order For Practicing

Trace and Learn

ज्ञ ज्ञ ज्ञ ज्ञ ज्ञ ज्ञ ज्ञ

ज्ञ ज्ञ ज्ञ ज्ञ ज्ञ ज्ञ ज्ञ

ज्ञ ज्ञ ज्ञ ज्ञ ज्ञ ज्ञ ज्ञ

ज्ञ ज्ञ ज्ञ ज्ञ ज्ञ ज्ञ ज्ञ

ज्ञ ज्ञ ज्ञ ज्ञ ज्ञ ज्ञ ज्ञ

Example Font Variations

ज्ञ

ज्ञ

ज्ञ

ज्ञ ज्ञ ज्ञ ज्ञ ज्ञ ज्ञ ज्ञ ज्ञ ज्ञ

ज्ञ

ज्ञ

ज्ञ

ज्ञ

ज्ञ

ज्ञ

ज्ञ

ज्ञ

द्व

DVA

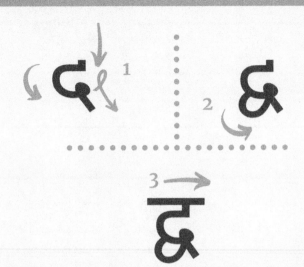

Suggested Stroke Order For Practicing

Trace and Learn

द्व द्व द्व द्व द्व द्व द्व द्व

द्व द्व द्व द्व द्व द्व द्व द्व

द्व द्व द्व द्व द्व द्व द्व द्व

द्व द्व द्व द्व द्व द्व द्व द्व

द्व द्व द्व द्व द्व द्व द्व द्व

Example Font Variations

द्व

द्व

द्व

द्ध द्ध द्ध द्ध द्ध द्ध द्ध द्ध द्ध द्ध द्ध

द्ध

द्ध

द्ध

द्ध

द्ध

द्ध

द्ध

द्ध

DYA

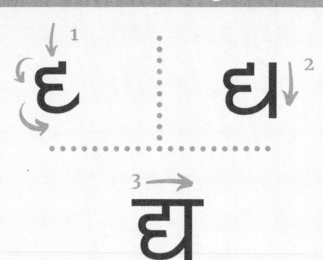

Trace and Learn

Example Font Variations

ਧ ਧ ਧ ਧ ਧ ਧ ਧ ਧ

ਧ ਧ ਧ ਧ ਧ ਧ ਧ ਧ

ਧ ਧ ਧ ਧ ਧ ਧ ਧ ਧ

ਧ ਧ ਧ ਧ ਧ ਧ ਧ ਧ

ਧ ਧ ਧ ਧ ਧ ਧ ਧ ਧ

ਧ

ਧ

ਧ

घ घ घ घ घ घ घ घ घ घ

घ

घ

घ

घ

घ

घ

घ

घ

ड

DDA

Suggested Stroke Order For Practicing

Trace and Learn

Example Font Variations

द् द् द् द् द् द् द् द् द् द् द्

द्

द्

द्

द्

द्

द्

द्

द्

त

TTA

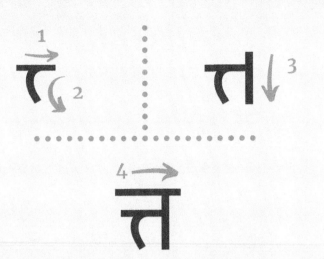

Suggested Stroke Order For Practicing

Trace and Learn

Example Font Variations

त

त

त

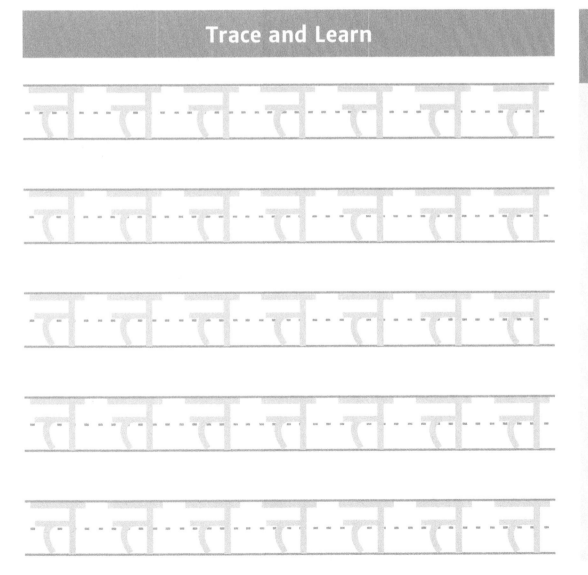

त त त त त त त त त

त

त

त

त

त

त

त

त

द्म

DMA

Suggested Stroke Order For Practicing

Trace and Learn

द्म द्म द्म द्म द्म द्म द्म

द्म द्म द्म द्म द्म द्म द्म

द्म द्म द्म द्म द्म द्म द्म

द्म द्म द्म द्म द्म द्म द्म

द्म द्म द्म द्म द्म द्म द्म

Example Font Variations

द्म

द्म

द्म

द्भ द्भ द्भ द्भ द्भ द्भ द्भ द्भ द्भ

द्भ

द्भ

द्भ

द्भ

द्भ

द्भ

द्भ

द्भ

HMA

Trace and Learn

ह्म ह्म ह्म ह्म ह्म ह्म ह्म ह्म ह्म

ह्म

ह्म

ह्म

ह्म

ह्म

ह्म

ह्म

ह्म

ह्य

HYA

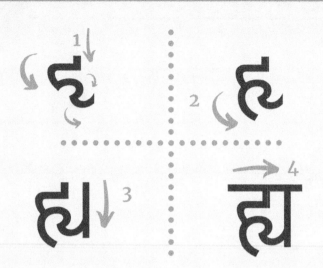

Suggested Stroke Order For Practicing

Trace and Learn

ह्य ह्य ह्य ह्य ह्य ह्य ह्य

ह्य ह्य ह्य ह्य ह्य ह्य ह्य

ह्य ह्य ह्य ह्य ह्य ह्य ह्य

ह्य ह्य ह्य ह्य ह्य ह्य ह्य

ह्य ह्य ह्य ह्य ह्य ह्य ह्य

Example Font Variations

ह्य

ह्य

ह्य

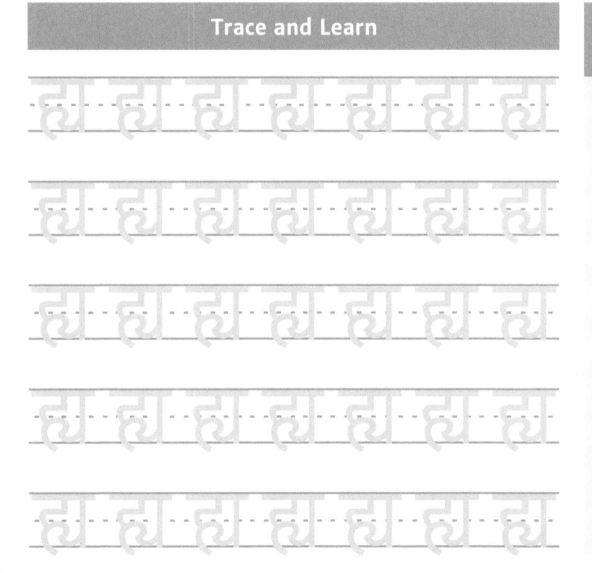

ह्य ह्य ह्य ह्य ह्य ह्य ह्य ह्य ह्य

ह्य

ह्य

ह्य

ह्य

ह्य

ह्य

ह्य

ह्य

श्र

ŚRA

Suggested Stroke Order For Practicing

Trace and Learn

श्र श्र श्र श्र श्र श्र श्र

श्र श्र श्र श्र श्र श्र श्र

श्र श्र श्र श्र श्र श्र श्र

श्र श्र श्र श्र श्र श्र श्र

श्र श्र श्र श्र श्र श्र श्र

Example Font Variations

श्र

श्र

श्र

श्र श्र श्र श्र श्र श्र श्र श्र श्र

श्र

श्र

श्र

श्र

श्र

श्र

श्र

श्र

त्र

TRA

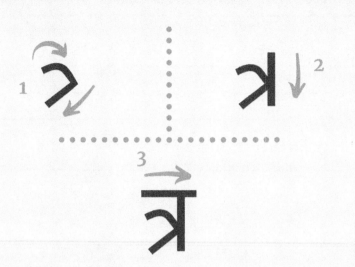

Suggested Stroke Order For Practicing

Trace and Learn

Example Font Variations

त्र

त्र

त्र

त्र त्र त्र त्र त्र त्र त्र त्र त्र त्र

त्र

त्र

त्र

त्र

त्र

त्र

त्र

त्र

र्प

RPA

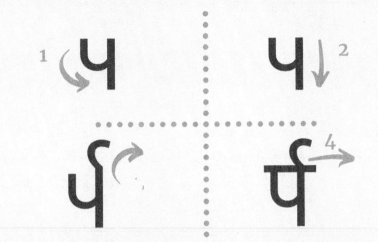

Suggested Stroke Order For Practicing

Trace and Learn

र्प र्प र्प र्प र्प र्प र्प र्प

र्प र्प र्प र्प र्प र्प र्प र्प

र्प र्प र्प र्प र्प र्प र्प र्प

र्प र्प र्प र्प र्प र्प र्प र्प

र्प र्प र्प र्प र्प र्प र्प र्प

Example Font Variations

र्प

र्प

र्प

र्प र्प र्प र्प र्प र्प र्प र्प र्प र्प र्प

र्प

र्प

र्प

र्प

र्प

र्प

र्प

र्प

प्र

PRA

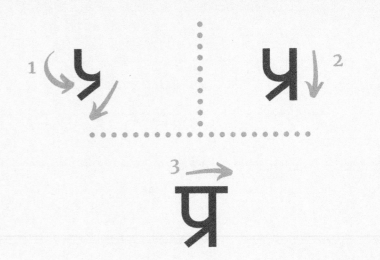

Suggested Stroke Order For Practicing

Trace and Learn

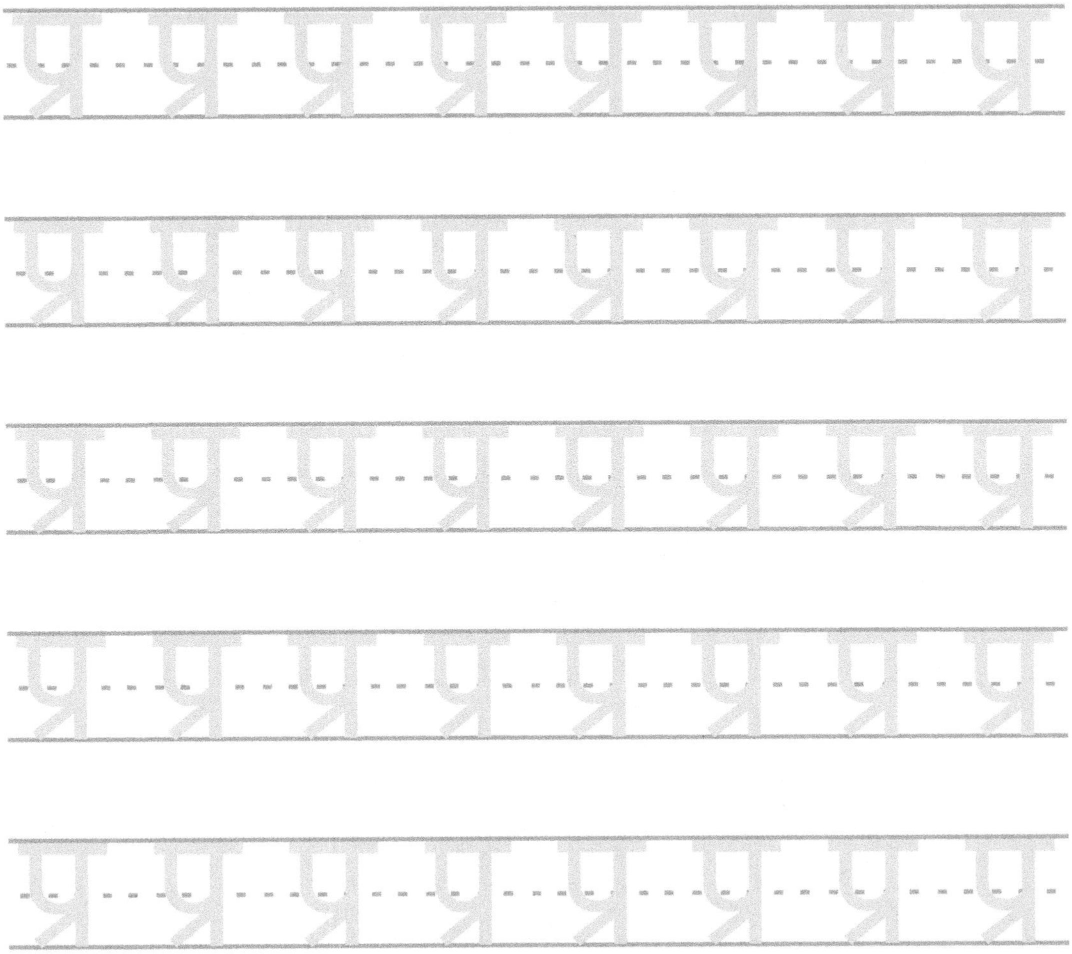

Example Font Variations

प्र

प्र

प्र

प्र प्र प्र प्र प्र प्र प्र प्र प्र प्र प्र

प्र

प्र

प्र

प्र

प्र

प्र

प्र

प्र

ट्र

ṬRA

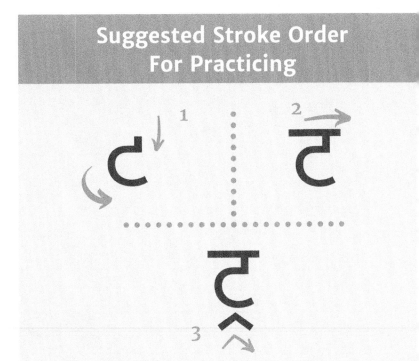

Suggested Stroke Order For Practicing

Trace and Learn

Example Fon Variations

ट्र

ट्र

ट्र

ट्र ट्र ट्र ट्र ट्र ट्र ट्र ट्र ट्र ट्र ट्र

ट्र

ट्र

ट्र

ट्र

ट्र

ट्र

ट्र

ट्र

Made in the USA
Las Vegas, NV
19 October 2024